AF619783

TANIA DI MASSIMANTONIO

IL MARKETING DELL'USATO

Come Recuperare Merce di Seconda Mano e Trasformarla in Ottime Opportunità di Guadagno

Titolo

"IL MARKETING DELL'USATO"

Autore

Tania Di Massimantonio

Editore

Bruno Editore

Sito internet

http://www.brunoeditore.it

Tutti i diritti sono riservati a norma di legge. Nessuna parte di questo libro può essere riprodotta con alcun mezzo senza l'autorizzazione scritta dell'Autore e dell'Editore. È espressamente vietato trasmettere ad altri il presente libro, né in formato cartaceo né elettronico, né per denaro né a titolo gratuito. Le strategie riportate in questo libro sono frutto di anni di studi e specializzazioni, quindi non è garantito il raggiungimento dei medesimi risultati di crescita personale o professionale. Il lettore si assume piena responsabilità delle proprie scelte, consapevole dei rischi connessi a qualsiasi forma di esercizio. Il libro ha esclusivamente scopo formativo.

Sommario

Introduzione

Ricordate il film *Chi più spende più guadagna*? Si proprio quello con Montgomery Brewster, il giocatore di baseball che ha la fortuna di ereditare trecento milioni di dollari, ma per ottenerli deve spenderne trenta in un mese, in qualsiasi modo, tranne che in beni durevoli. Il simpatico Monty riesce a spenderli tutti in tempo, allegramente e alla fine diventa ricchissimo.

Sembra una storia fantastica, bizzarra e magari assurda ma così non è per la legge dell'attrazione! Chi spende senza timore, senza paura di perdere i propri averi, ma anzi sentendosi ricco e felice di poter spendere, apre la strada ad altra ricchezza.

Ciò che vale per il denaro vale anche per le cose: accumulare beni porta immancabilmente a non averne mai, perché porta con sé il pensiero, la paura e il sentimento di penuria e di ristrettezza che non fa altro che attrarre altra penuria e altra ristrettezza.

È importante non ciò che abbiamo, ma ciò che pensiamo di ciò che abbiamo e come lo utilizziamo. Ogni cosa esiste per essere utilizzata al meglio e solo così può esplicare al meglio il suo valore.

È questo il senso di «think and grow rich» (pensa e diventa ricco) il monito di Napoleon Hill, ed è questo il messaggio di questo corso: «use and grow rich», perché solo chi apprezza, vive e usa le cose che ha tra le mani può apprenderne il valore e ricavarne altro ancora, ed è questa la sua ricchezza!

CAPITOLO 1:
Come scegliere tra occasioni e novità

È tutto oro quel che lucicca, per un po'…

Immancabilmente quel che è nuovo è più attraente. Non sappiamo bene se è qualcosa che è più lucente e sfavillante o è qualcosa che è in noi, a riaccendere l'interesse. Fatto sta che dopo un po', tutto perde la sua aurea meravigliosa e ci conduce a ricercare qualche altra novità.

E così passiamo da una cosa all'altra, come in una sorta di rincorsa senza fine, alla ricerca del bene che ci faccia sentire unici e speciali. Ma il consumo non ha più quel profumo che cerchiamo, perché questa essenza non dipende da quello che le cose danno a noi ma da quello che diamo noi alle cose.

Le cose di per sé sono inerti, acquistano valore quando rivolgiamo loro la nostra attenzione, perché è allora che si risvegliano, si caricano di energia, di attrattiva e di valore.

Vorrei che leggeste le parole di Maitre Philippe, un uomo straordinario, nato nel 1849 in Savoia, allora italiana, che è riuscito veramente ad apprendere ed esplorare le energie che si muovono intorno a noi: www.maitrephilippe.it.

Per M. Philippe «[…] la materia è vivente, vede, ode, è sensibile, ricorda. È intelligente». «Dio ha creato la materia come un uomo fa un oggetto. Ecco un bastone. Chi lo ha fatto vi ha messo dentro qualcosa di sé, e la prova ne è che da questo bastone si può risalire a chi lo ha fatto seguendone la trafila. Così tutto vive. Ma la vita posseduta da questo bastone non è la vita dello spirito […]. La vita che esso conserva è la vita dormiente della materia».

La materia segue la luce, così «l'uomo è la luce dell'animale, l'animale è la luce del vegetale, il vegetale è la luce del minerale». «[…] bisogna imparare ad amare ogni cosa e dobbiamo rispettare tutto, perché tutto è stato creato da Dio». «Sappiate e ricordate che, su un pianeta più elevato, saremo a nostra volta animali di quel pianeta […]».

SEGRETO n. 1: ogni cosa ha in sé un'energia propria che non

attende altro che la nostra comprensione per attivarsi e avanzare.

Parafrasando James Hillman filosofo americano dell'anima del mondo (come anche il nostro indimenticabile Giordano Bruno, che ai suoi tempi fu condannato per le sue profonde intuizioni, ma ora sarebbe sostenuto anche dalla scienza!): «Se il mondo è vivo dobbiamo tenerlo vivo con la cura e l'attenzione che merita».

Già la materia, come è stato detto, è energia condensata. Se andiamo a scomporre la materia in molecole, atomi e particelle subatomiche, ci troviamo di fronte a un'entità che sfugge a una precisa definizione: è sia una particella che un'onda. Ma la cosa più sorprendente è che diventa onda se la guardiamo come onda e diventa particella se la guardiamo come particella.

«La realtà che si presenta è quella cui prestiamo attenzione», scrive Penny Peirce nel suo manuale *Frequency*. «Non siamo separati dal mondo [...] la nostra percezione determina la forma della nostra realtà». Pian piano l'uomo sta raggiungendo questa conoscenza, perché man mano «[...]abbiamo un accesso più agevole a stati più elevati di coscienza».

La mancanza di attenzione è la vera povertà dei nostri tempi, che ha innescato la marcia della velocità e ha iniziato a produrre in massa e in serie una grande quantità di oggetti senz'anima. E gli acquisti si susseguono nel tentativo di accumulare energia, senza avere il tempo di apprezzarli, dando loro una nuova vitalità.

Il tutto vale anche per il cibo, costituito in buona parte da alimenti confezionati, macchinalmente privati dei loro costituenti essenziali, come vitamine e sali minerali, per vari processi di cottura, raffinatura e conservazione. Un cibo che, per quanto possiamo mangiarne non ci sazierà mai abbastanza.

Un tema molto caro al movimento *slow food* che, ai ritmi frenetici della vita moderna e del *fast food*, oppone il rispetto dei tempi naturali delle cose, delle colture, dell'ambiente, della preparazione e della degustazione dei cibi (www.slowfood.it).

Lentamente la povertà materiale ci sta portando da una fame nevrotica a una fame spirituale, a un bisogno di capire, valutare e apprezzare le cose. Vogliamo sapere come sono fatte, da dove vengono, come sono state lavorate, cosa possono apportare al nostro benessere e soprattutto quanto possono durare. La durata, come la storia, è essenziale per creare un legame, un rapporto di fiducia che ci dà anche maggiore sicurezza.

La crisi dello sviluppo industriale e del consumismo, generatasi sin dall'inizio e ormai giunta alle sue ultime conseguenze, ci offre molte più opportunità di quanto pensiamo: l'opportunità di fermarci, studiare e dare nuove forme alla realtà.

SEGRETO n. 2: un bene non è nulla se non ha nulla da dirci e se non può stare abbastanza tempo insieme a noi, per lasciarci qualcosa.

L'attenzione cambia la direzione

L'attenzione rivolta alle cose è destinata a cambiare le prospettive della nostra vita, per guardare ciò che le cose ci possono ancora dare e ciò che noi possiamo ancora dare loro, per evitare di accumulare insensatamente da una parte e di abbandonare altrettanto insensatamente dall'altra.

Da un lato si apre il campo del riciclaggio, del recupero e dello smaltimento. Il riciclaggio riguarda gli oggetti che possono essere riutilizzati infinite volte attraverso i processi di fusione, come gli oggetti di vetro e di metallo. Il recupero riguarda i materiali di origine organica che possono essere riutilizzati per poche volte, attraverso processi di reimpasto, perché ogni volta perdono le loro qualità, come la carta, i tessuti e la plastica; ma alla fine possono essere bruciati con recupero di energia termica.

Lo smaltimento riguarda i materiali che non possono essere né fusi, né trattati e né bruciati, come i prodotti per l'edilizia (pietre, mattoni, marmi, cemento), ma possono essere triturati e utilizzati per riempimenti e livellamenti di terreni. Il tutto secondo la famosa legge della materia-energia per cui «nulla si crea, nulla si distrugge ma tutto si trasforma».

Dall'altro si apre il campo del *riuso*, della rivalutazione dei beni usati, del *fuori moda di nuovo di moda* (oulet, vintage), del datato d'autore (industrial design, modernariato) e dell'antiquariato.

È il momento della green economy e del green marketing, il momento decisivo in cui le cose possono trasformarsi o vivere una seconda vita e le persone e le imprese possono ingegnarsi in tutta una serie di nuove attività.

Sono proprio queste cose a dirci quello che dobbiamo fare, se ci poniamo in ascolto. Sono proprio queste a ispirare nelle nuove generazione una produzione più consapevole, rispettosa delle risorse naturali, della creatività dell'individuo, che apporta energia e vibrazioni superiori alla materia.

Le cose sono qui per aiutarci come gli animali e le piante. «Bisogna essere buoni con gli animali e con le piante», ha lasciato detto Maitre Philippe, «chi non ha mai fatto del male a un animale, chi non distrugge o ferisce mai un vegetale senza una causa veramente utile, è protetto a sua volta dagli animali o dai vegetali. Se si trova sull'orlo di un precipizio e cade, troverà improvvisamente una radice per trattenerlo [...]. Se [...] vi trovate un giorno smarriri nella campagna, incontrerete un animale che vi mostrerà la strada». È così per tutto.

SEGRETO n. 3: in ogni cosa è impressa un'energia che è destinata a non finire mai, ma a trasformarsi e a trasformarci per migliorare.

È veramente sorprendente scoprire quante attività siano nate in base a questa filosofia, a questo nuovo modo di guardare le cose; alcune di queste sono presentate da Ermete Realacci, presidente onorario di Legambiente, (www.chiarelettere.it) nel suo libro *Green Italy*.

Sono quelle di Gruppo Sistemi 2000 per esempio che «crea cestini con la plastica dei tappi e gli espositori con il Pet delle bottiglie» rifornendo negozi e supermercati; di Novamont, uno dei maggiori produttori di bioplastiche, ricavate dal mais e completamente biodegradabili, e di Edilana che produce pannelli isolanti per l'edilizia con la lana grezza di pecora sarda, inadatta alla tessitura, che prima era inutilizzata e bruciata.

Il concetto del recupero e del riuso dei materiali ha incrementato non solo un nuovo tipo di produzione, ma anche un vasto campo commerciale dell'usato e modificato le modalità di vendita. Sono così aumentati i punti vendita alla spina (eco-point), in cui si riutilizzano gli stessi contenitori per approvvigionarsi di acqua trattata, vino, pasta, cereali, legumi, detersivi. Si sono moltiplicati i negozi di outlet (outlet stores) in cui si vendono capi passati di moda o invenduti in altri paesi, destinati a essere eliminati dal mercato.

Si sono anche diffuse le pratiche di scambio o di baratto (swap stores) che consentono di liberarsi dei propri capi usati scegliendone in alternativa altri, anziché buttarli. Ed è diventata una moda il *customizing*, la personalizzazione di indumenti e oggetti prodotti in serie, con l'aggiunta di applicazioni, ritagli, riporti, una sorta di riadattamento creativo agli standard del passato.

Che dire poi dei mercatini in cui vengono raccolti e venduti i prodotti non graditi ovvero i brutti anatroccoli di frutta e verdura che dalle catene di distribuzione vengono scartati perché non della misura media, o della forma classica, del colore appetibile, o anche i prodotti che i consumatori scansano perché prossimi alla scadenza, o con la confezione rovinata, o non più interessanti una volta passate le feste di Natale e Pasqua ecc.

Il mercato dell'usato ha rivalutato il lavoro di tutta una serie di figure artigianali come sarti, falegnami, restauratori, fabbri, carrozzieri ecc., impegnati nel riparare e rimodernare capi di abbigliamento, mobilio, auto e biciclette e attrezzature di ogni tipo. Si sono specializzati professionisti come periti, orafi e gemmologi che devono occuparsi della valutazione dei beni e sono sorte anche nuove professioni come per esempio quella di bioarchitetto e di esperto in demolizioni per il recupero di materiali.

SEGRETO n. 4: riprendere e riconsiderare le cose è la vera occasione che ci si presenta, al di là della rincorsa alle ultime sgargianti novità.

È un'occasione da non sottovalutare, anche alla luce dei nuovi orientamenti legislativi italiani e della Comunità Europea sulla protezione ambientale, tesi a sostenere e incentivare la società del riciclaggio che evita la produzione di rifiuti e utilizza i rifiuti come risorse.

La Legge 13/2009 per prima ha previsto la possibilità di regolamentare la rinascita e lo sviluppo a livello comunale dei mercati dell'usato, predisponendo appositi spazi per il loro svolgimento periodico.

Il D. Lgs. 205/2010 (cosiddetta "legge sul riuso") ha introdotto un nuovo articolo al D. Lgs. 152/2006 meglio noto come *Codice Ambiente*. L'art. 6 impone alle pubbliche amministrazioni di prendere iniziative per favorire il riutilizzo dei prodotti attraverso incentivi economici, sostegno ai centri di raccolta e riparazione o riutilizzo, progetti di educazione ambientale e aggiudicazione di appalti tenendo conto anche delle misure a tutela dell'ambiente, con l'introduzione della responsabilità estesa del produttore secondo il principio comunitario del «chi inquina paga».

Da non dimenticare che la crisi finanziaria e la competizione sui prezzi, induce a considerare le materie prime, ovvero le forniture in entrata a basso costo o costo zero, e la realtà ci dimostra che le società avanzate, i paesi industrializzati sono pieni di *eccedenze*, di *sottoprodotti* e di *scarti* a buon mercato, che consentono buoni margini di guadagno.

SEGRETO n. 5: se la matematica non è un'opinione, avere a poco e rivendere a non poco, è sicuramente un'occasione da non sottovalutare.

Non a caso il mercato dell'usato si è rapidamente evoluto; da fenomeno curioso e limitato ad alcuni quartieri delle città, confinato ai mercatini delle pulci e alle botteghe dei rigattieri, è diventato un sistema di vendita organizzato, con negozi specializzati dedicati ad abbigliamento per adulti, articoli per bambini, mobili, libri nelle zone centrali, e grandi empori con vasto assortimento di merci usate, nelle zone periferiche delle città. Molti negozi poi fanno parte di reti di franchising.

A fianco dei venditori professionali, sono scesi in campo anche i venditori occasionali, i così detti *hobbisti* e i collezionisti o appassionati di alcuni generi di oggetti come dischi, fumetti, bambole ecc. e infine i normalissimi proprietari o inquilini con le cose di casa, della cantina o del garage. Insomma, un interessante caleidoscopio di risorse materiali e personali che andremo a esplorare nel prossimo capitolo!

RIEPILOGO DEL CAPITOLO 1:

- SEGRETO n. 1: Ogni cosa ha in sé un'energia propria che non attende altro che la nostra comprensione per attivarsi e avanzare.
- SEGRETO n. 2: Un bene non è nulla se non ha nulla da dirci e se non può stare abbastanza tempo insieme a noi, per lasciarci qualcosa.
- SEGRETO n. 3: In ogni cosa è impressa un'eneregia che è destinata a non finire mai, ma a trasformarsi e a trasformarci per migliorare.
- SEGRETO n. 4: Riprendere e riconsiderare le cose è la vera occasione che ci si presenta, al di là della rincorsa alle ultime sgargianti novità.
- SEGRETO n. 5: Se la matematica non è un'opinione, avere a poco e rivendere a non poco, è sicuramente un'occasione da non sottovalutare.

CAPITOLO 2:
Come organizzarsi nel mercato dell'usato

Chi disprezza compra!

Prima poteva sembrare imbarazzante, poco dignitoso o stravagante acquistare oggetti usati ai mercatini o nei negozi. Ora invece è diventato economicamente interessante, ecologico, alternativo, curioso e di tendenza. A parte il risparmio, sono diversi i vantaggi per chi compra.

Intanto si può sperimentare il piacere di andare alla ricerca dell'oggetto particolare che si adatta ai propri gusti, anziché trovarsi a dover acquistare quello che impone il mercato del momento o l'ultima moda.

Si possono trovare esemplari unici e originali, che si distinguono subito dalla moltitudine degli oggetti prodotti in serie e dalle forme standardizzate che vediamo normalmente, perché sono stati fatti con cura dei particolari, con materiali di qualità, di pregio, con tecniche tradizionali e artigianali.

Si possono trovare oggetti che hanno fatto parte della vita quotidiana di altre generazioni, appropriandosi così di un piccolo pezzo di storia e di un vivido mondo di ricordi. Personalmente amo tantissimo quei meravigliosi servizi da tè e da caffè che si usavano negli anni Quaranta e Cinquanta, con quei piccoli fiorellini e i bordi dorati. Bere il caffè in una di queste tazzine mi riporta a quelle serene atmosfere da salotto in cui ci si ritrovava per passare un po' di tempo in compagnia di familiari e amici e mi fa sentire subito meglio.

Ho sempre pensato che le cose conservassero una traccia di tutto ciò che avviene intorno a loro, una traccia di cui si può avere la sensazione non appena ne veniamo in contatto. Ed è quello che ho ritrovato rileggendo le frasi di Vianna Stibal nel suo libro *Theta healing*. Parafrasando: «Le cose recepiscono l'energia sottile della materia vivente e ne conservano l'immagine e la memoria così come la pellicola fotografica viene impressionata dalla luce che la colpisce».

È così che vicino a degli oggetti, delle case o dei luoghi possiamo avere delle visioni del passato, come per esempio delle scene di guerra. «Tali visioni sono vere e proprie impronte lasciate dalle forti emozioni provate dalle persone coivolte nel conflitto». «L'impronta crea un vortice, un'apertura nel tempo e nello spazio [...]. Per fare esperienza di un'impronta fantasma è sufficiente toccare o tenere in mano l'oggetto ed aprire i vostri sensi fisici, permettendo così all'energia presente nell'oggetto di fluire attraverso di voi». «Anche la Terra ha le sue memorie».

E poi, c'è il gusto di poter valutare le cose e contrattare il prezzo; non si è costretti ad accettare un prezzo fisso, imposto dalla ditta o dalla casa, che spesso non corrisponde al valore percepito della merce. C'è un maggiore spazio di intervento e di partecipazione per chi compra.

SEGRETO n. 6: di cose nuove ce ne sono tante, di bene usato ce n'è un solo esemplare e solo chi lo capisce lo può apprezzare.

Insomma, per una serie di buoni motivi, il panorama dell'usato si è a poco a poco esteso, da qualche bancarella ai mercatini delle pulci, ai negozi, ai grandi empori, alle vendite su internet, alle aste online e offline. Anche i supermercati dedicano già da qualche tempo dei piccoli spazi alle offerte, con ceste di prodotti rimasti invenduti o residui di magazzino. I concessionari di auto hanno il loro reparto d'occasione, così come i carrozzieri e i demolitori, i mobilieri e gli orefici a fianco della loro attività principale.

Veramente interessanti si sono rivelate le vendite di capi provenienti da sfilate, come vestiti da giorno o da sera di firme più o meno prestigiose, vestiti da sposa, prodotti rimasti alla fine di promozioni, fiere e mostre e gli articoli per bambini. Beni usati poche volte o una sola volta o anche semplicemente non usati, ed esposti per essere visionati o maneggiati e quindi praticamente nuovi.

Già, perché il mondo dell'usato, non riguarda esclusivamente il bene consumato o usurato. A volte la differenza tra nuovo e usato è veramente sottile. Tra l'altro non esiste alcuna norma che stabilisca le caratteristiche di merci nuove e usate. Di fatto i beni usati possono essere equivalenti ai beni nuovi, come per esempio una macchina appena immatricolata o un anello appena comprato o comprato e mai messo, solo che formalmente non provengono direttamente dalla catena produttore-venditore.

Si sono anche moltiplicati i raduni per le vendite e gli scambi di *hobbisti* e collezionisti e sono emersi anche qui da noi gli *swap stores*, di origine inglese, che propongono il *neutral shopping* o la compra-vendita a costo zero. Si tratta di negozi che consentono ai clienti di scambiare i loro abiti usati (meglio se di marca) con altri abiti usati di altri clienti. Una nuova forma di baratto in pratica: i capi, al momento della consegna, sono oggetto di una valutazione e consentono di scegliere altri capi per lo stesso valore; per il valore eccedente, naturalmente, deve essere pagata la differenza.

Alla stessa filosofia si sono ispirate le boutiques *estensioni del salotto di casa*, dove ci si può ritrovare come tra amiche per scambiare i propri abiti firmati, che non piacciono o non si portano più. Qui, al motivo dell'acquisto si unisce anche il motivo dello stare insieme, di guardare, provare, apprezzare, fare paragoni, condividere punti di vista; perché il piacere dell'acquisto è anche questo.

SEGRETO n. 7: il mondo dell'usato è un mondo variamente popolato dove non vi è solo l'acquisto ma lo scambio e l'occasione di confronto.

Ma come sono organizzate tutte queste attività e quali sono le figure che si muovono dentro questo mercato? È quello che vedremo tra poco.

Chi più ne ha più ne metta

Nel mondo dell'usato operano tanti tipi di soggetti, sia a livello professionale che a livello occasionale. In via professionale, vale a dire "per professione", in forma abituale e continua, operano anzitutto i commercianti, che si distinguono per il fatto di acquistare la merce e rivenderla al dettaglio o all'ingrosso.

Per legge (D. Lgs. 114/98 meglio noto come Decreto Bersani) il **commerciante all'ingrosso** è colui che professionalmente acquista merci in nome e per conto proprio e le rivende ad altri commercianti, o a utilizzatori professionali o ad altri utilizzatori in grande. In altri termini acquista dal produttore/fabbricante dei prodotti materiali finiti, risultato finale di un processo di produzione/fabbricazione/lavorazione, senza apportare modifiche e li rivende ad altri commercianti, non ai consumatori finali, a meno che non si tratti di utilizzatori professionali o in grande, cioè coloro che acquistano in grosse quantità per l'esercizio di un'attività di scambio, di produzione di beni o servizi, un'arte o una professione o per la conduzione di associazioni, comunità, convivenze, cooperative di consumo.

Il **commerciante al dettaglio** invece, è colui che professionalmente acquista merci (dal grossista o dal produttore o anche da privati) in nome e per conto proprio e le rivende direttamente al consumatore finale cioè al privato che ne utilizza in modeste quantità per il proprio consumo personale, senza dare luogo a ulteriori passaggi ad altri soggetti.

Caratteristica essenziale è che il commerciante non interviene sul prodotto: la creazione o la preparazione di un prodotto a scopo di vendita è propria di altri soggetti, come per esempio l'artigiano, l'artista, l'inventore; qui abbiamo un intervento diretto e materiale sul prodotto inteso a trasformarlo, a renderlo diverso, cosa che invece manca nel commercio. Il commerciante si pone come semplice intermediario nello scambio di beni, mette a disposizione del consumatore il prodotto così com'è, così come lo ha acquistato; il suo margine di intervento sta nell'assortimento delle merci, nell'esposizione, nell'accostamento o composizione di oggetti, nell'assistenza al cliente. Margine che intende ricompensare con la differenza tra costi e ricavi delle vendite.

La merce può essere acquistata in vari modi: alle aste di oggetti smarriti, pignorati, sequestrati o provenienti da fallimenti, da imprese che vendono in blocco merci in liquidazione per chiusura attività o rinnovo locali o che vogliono liberarsi di vecchi avanzi di magazzino, o ancora da imprese che effettuano traslochi, sgomberi di alloggi, cantine, garage, depositi ecc. e infine da privati che vogliono cedere i loro beni in cambio di denaro o in cambio di altri beni usati.

Al momento della vendita il commerciante emette uno scontrino o una ricevuta fiscale ed eventualmente un documento di trasporto o DDT. Giusto per ricordare, la ricevuta fiscale è prevista per alcune categorie produttive come autofficine, artigiani, commercianti al minuto di gioielli, pelli, pellicce ed elettrodomestici. Lo scontrino fiscale invece è previsto per tutte le cessioni di beni che avvengono in locali aperti al pubblico. Il documento di trasporto o bolla di accompagnamento è previsto per tutti i beni viaggianti, tranne i trasporti di beni venduti da commercianti al minuto e i trasporti di alcuni generi come giornali, acqua, terra, sabbia ecc.

Per la vendita di beni usati, acquistati da privati, si applica il così detto **regime del margine**, previsto dalla L. 85/95 (Legge Dini). Questo regime consente di applicare l'IVA sul guadagno netto della vendita (ricavo meno costo di acquisto), anziché sul ricavo totale. Diversamente ci sarebbe un doppio pagamento dell'IVA: da parte del privato, che non può in nessun modo scaricarla, e da parte del rivenditore. In base a tale regime, nello scontrino o ricevuta non va evidenziata l'IVA, ma il corrispettivo lordo della vendita, comprensivo dell'IVA.

Il regime del margine può essere applicato con tre modalità diverse:

- il *metodo globale*, sul complesso degli acquisti e delle vendite fatte nel periodo di un mese o tre mesi;
- il *metodo analitico* (o ordinario): su ogni singola operazione di acquisto e vendita in un mese o tre mesi;
- il *metodo forfettario*: sul 60% del prezzo di vendita di oggetti d'arte di valore non rilevante o non determinabile o sul 50% del prezzo di oggetti venduti da commercianti ambulanti o sul 25% del prezzo di prodotti editoriali che non siano di

antiquariato.

SEGRETO n. 8: la vendita per conto proprio rileva per il guadagno marginale il risultante dalla differenza tra il costo e il prezzo finale.

Altra figura professionale dell'usato è quella dell'**agente d'affari**, che non acquista i beni, ma si incarica di venderli al meglio, per realizzare un guadagno per il cliente che glieli fornisce e per sé. Al cliente infatti viene riconosciuto il guadagno, detratta una percentuale per l'agente che ha portato a termine l'affare, la così detta provvigione.

L'agente d'affari dunque è un intermediario diverso dal commerciante. Il commerciante *acquista* per vendere, l'agente *detiene* per vendere. Si pone come depositario per il cliente, sia riguardo i beni, sia riguardo alle somme che incassa. Entrambi però operano nei confronti del pubblico, cioè svolgono un servizio rivolto a chiunque si presenti loro, non agiscono per conto di uno o più soggetti particolari.

Per questo l'agente è diverso dal procacciatore d'affari, che opera sempre per conto di una determinata impresa, da cui riceve il compenso. Il compito del procacciatore è quello di raccogliere ordinativi presso i consumatori, a titolo promozionale o occasionale, mentre l'agente di commercio fa la stessa cosa a titolo continuativo o professionale.

Ed è anche diverso dal mediatore, che è assolutamente indipendente rispetto alle parti (venditore e acquirente), ma riceve la provvigione da entrambe le parti, e opera in via occasionale. Infine, procacciatore d'affari, agente di commercio e mediatore compiono *attività materiali* funzionali alla vendita, mentre l'agente d'affari compie *attività giuridica*, cioè conclude i contratti di vendita, che sono veri e propri atti giuridici.

L'agente d'affari è in effetti un mandatario. Quando si incarica di vendere qualcosa, lo fa dietro un contratto di mandato. Giuridicamente è un *mandatario senza rappresentanza*, ovvero un *commissionario*, perché opera per conto del cliente ma in nome proprio, cioè facendo figurare il proprio nome e venendo in contatto unicamente lui con i compratori (questi non entrano in alcun modo in rapporto col cliente). Ma ai fini fiscali è considerato come *mandatario con rappresentanza*, o procuratore, che opera in nome e per conto del cliente. In questo modo può essere applicata una disciplina fiscale più congeniale.

L’agente non rilascia nè scontrino, né ricevuta fiscale, né DDT, perché riceve la merce da un privato che, per legge non è tenuto a emettere nessun documento fiscale. L’agente può rilasciare una ricevuta di vendita, coma prova dell’acquisto per il consumatore, ma senza nessun valore fiscale. Mentre al cliente, deve consegnare il guadagno (ridotto della sua percentuale) senza nessun documento fiscale, poiché l’operazione non è soggetta ad IVA, e deve rilasciare una fattura per l’introito della sua provvigione, allo stesso cliente, ovviamente con IVA.

Ora questa impostazione fiscale è possibile in quanto l’agente d’affari viene considerato come un vero mandatario o procuratore (quindi alla stregua del cliente privato venditore che non è tenuto a fornire documentazione fiscale); diversamente, se venisse considerato come commissionario, l’agente, dovrebbe emettere scontrino fiscale al consumatore-acquirente secondo il regime del margine visto poco prima, e fattura per la provvigione al cliente-venditore.

Attenzione però, con il Fisco non si può sempre fare come si vuole. Per quanto riguarda le auto (beni mobili registrati di una certa importanza e di un certo valore), la detenzione in conto vendita non è la soluzione ideata dal legislatore. La già nominata Legge Dini, infatti, ha previsto la *minivoltura*, per cui il concessionario deve acquistare e intestarsi l'auto, usufruendo del regime del margine.

Nella realtà il privato che vuole vendere la propria auto può trovarsi di fronte a due possibilità: la consegna in conto vendita o la vendita definitiva al concessionario. Nel primo caso, ormai in disuso, occorre una procura a vendere (contratto di mandato con rappresentanza), con scrittura privata autenticata da notaio, che non fa venire meno la proprietà del privato che continua ad essere responsabile di tutto: assicurazione, bollo, multe, incidenti ecc. Per interrompere il pagamento del bollo occorre richiedere l'esenzione alla Direzione Regionale delle Entrate.

Nel secondo caso, occorre un atto di vendita, mediante scrittura privata autenticata da notaio o da uffici del Comune dell'ACI e della Motorizzazione o dalle agenzie di pratiche automobilistiche, che libera del tutto il privato, se viene regolarmente registrata al Pubblico Registro Automobilistico (PRA).

Il concessionario ha tutto l'interesse a effettuare una minivoltura, per la quale è prevista l'esenzione dall'imposta provinciale di trascrizione (IPT), la riduzione dei diritti ACI, la semplificazione per l'autentica di firma, l'esenzione dal pagamento del bollo e l'applicazione del regime del margine. Può semmai operare in conto vendita per auto difficili da vendere, che richiedono diverso tempo per poter essere vendute.

SEGRETO n. 9: la vendita per conto terzi rileva per la parte pattuita di compenso dell'affare, se non si tratta di un veicolo da volturare.

Ci sono poi gli **artigiani**, che alla produzione/lavorazione e alla vendita di propri manufatti affiancano la rivendita di beni altrui, (come falegnami, restauratori, carrozzieri, meccanici, demolitori), oppure il sistema del conto vendita e quindi diventano in parte anche commercianti o agenti d'affari. Deve trattarsi però di una minima parte; l'attività prevalente deve rimanere sempre quella artigianale, diversamente può diventare difficile distinguere tra le due le attività.

Per qualificare un'attività come artigianale occorrono tre requisiti:

- l'iscrizione all'Albo Provinciale degli Artigiani;
- la vendita di beni di produzione propria, che siano cioè il risultato di una propria lavorazione o trasformazione (così per esempio chi adatta delle lenti a una montatura di occhiali, non svolge attività artigianale, perché non fabbrica né le lenti, né la montatura, si limita a unirli; allo stesso modo chi acquista auto da demolire e ne smonta i pezzi di ricambio, non svolge attività artigianale, ma commerciale, perché si limita a separare le parti utili da un'auto per rivenderle al consumatore finale);
- la vendita nei locali di produzione (negozio, laboratorio, abitazione) o nei locali a questi adiacenti, cioè vicini, in comunicazione, in contatto (di fronte a due locali distanti ciò che appare nella realtà è un locale di produzione da una parte e un locale di rivendita dall'altra). Se non ricorrono queste condizioni (ognuna di queste), siamo di fronte a un'attività commerciale.

In tutti questi casi stiamo parlando di imprese individuali o sociali che, come tali, devono essere iscritte nel Registro tenuto dalle Camere di Commercio e devono avere una propria partita IVA. Le imprese si sa, operano a fini di lucro. A parte, ci sono le cooperative sociali e le associazioni di volontariato o di tutela ambientale e simili che perseguono scopi umanitari e culturali.

Le cooperative hanno un preminente scopo sociale e in via secondaria uno scopo lucrativo di distribuzione degli utili, mentre le associazioni non possono avere scopo di lucro e quindi non possono distribuire utili. Gli utili eventualmente ricavati dalla vendita di beni usati devono essere reimpiegati per servizi a favore dei soci o della collettività.

In via occasionale operano i privati. Che cosa si intende per attività occasionale? Si intende un'attività di vendita che avviene in modo sporadico, saltuario, senza carattere di regolarità, sistematicità e ripetitività e che riguarda piccoli quantitativi, perché la vendita di grandi quantitativi, per la giurisprudenza, implica un'attività commerciale professionale, seppure limitata nel tempo.

La vendita occasionale può riguardare i propri beni o quelli di familiari e può essere effettuata in situazioni particolari di durata limitata, come per esempio i mercatini tematici, promossi a livello comunale e aperti alla partecipazione di tutti i tipi di venditori professionisti e non, o mercati delle pulci, fiere, manifestazioni locali che si svolgono in genere all'aperto e su area pubblica; o può avvenire temporaneamente, per un breve periodo su area privata coperta o all'aperto come per esempio un teatro, uno stadio in occasione di un concerto o ancora su ebay.

La vendita occasionale non può attuarsi in un negozio, né reale, né virtuale, né nei mercati regolari, perché ciò implica una vera e propria attività commerciale, di carattere professionale, che richiede l'apertura di partita IVA, l'iscrizione alla Camera di Commercio e l'emissione di scontrino o ricevuta fiscale.

L'attività intermediaria occasionale di agente d'affari, in quanto prestazione d'opera, potrebbe effettuarsi in un locale o area commerciale, ma solo per breve tempo e solo fino all'ammontare di 5000 euro di ricavo l'anno. In questo caso, per la prestazione a privati basta emettere una ricevuta semplice con il proprio codice fiscale; per la prestazione ad imprese occorre la ricevuta con codice fiscale e ritenuta d'acconto, con la stessa percentuale dell'IVA. Gli introiti poi vanno denunciati in sede di dichiarazione dei redditi.

SEGRETO n. 10: la vendita di beni nuovi può essere fatta per professione, la vendita di beni usati può essere colta come un'occasione da tutti.

RIEPILOGO DEL CAPITOLO 2:

- SEGRETO n. 6: Di cose nuove ce ne sono tante, di bene usato ce n'è un solo esemplare e solo chi lo capisce lo può apprezzare.
- SEGRETO n. 7: Il mondo dell'usato è un mondo variamente popolato dove non vi è solo l'acquisto ma lo scambio e l'occasione di confronto.
- SEGRETO n. 8: La vendita per conto proprio rileva per il guadagno marginale il risultante dalla differenza tra il costo e il prezzo finale.
- SEGRETO n. 9: La vendita per conto terzi rileva per la parte pattuita di compenso dell'affare, se non si tratta di un veicolo da volturare.
- SEGRETO n. 10: La vendita di beni nuovi può essere fatta per professione, la vendita di beni usati può essere colta come un'occasione da tutti.

CAPITOLO 3:

Come avviare il tuo bazar

Alla ricerca del luogo perduto

L'ambiente ideale dell'usato è un luogo più o meno vasto e variegato dove poter trovare un po' di tutto e un po' di più del solito negozio o centro commerciale. È un luogo *caordico*, dove regna cioè un po' di *ordine* e un po' di caos e quindi aleggia uno spirito diverso rispetto al supermercato dove è tutto rigidamente classificato, disposto e sistemato. È l'ambiente del bazar, suggestivo e affascinante luogo mediorientale, dove tutto si mescola: beni, ricordi e profumi sia del presente che del passato.

Qualunque sia il locale prescelto, sarà sempre questo il modello ideale ricercato. Più che il luogo dove poter vedere, è il luogo dove poter esplorare, curiosare e rovistare alla ricerca di quello che occorre. Organizzarlo è un'arte e trovarlo non è così difficile.

Per quanto riguarda il locale o il luogo di vendita, ci sono varie possibilità. Partiamo dal classico **locale commerciale o negozio**.

Per i negozi, se si tratta di svolgere attività commerciale, bisogna considerare per prima cosa la superficie di vendita, perché in base a questa può cambiare la pratica burocratica.

Per una superficie di vendita fino a 250 mq. nei comuni più grandi (con popolazione superiore a 10.000 abitanti) e fino a 150 mq. nei comuni con popolazione inferiore, basta una segnalazione al Comune in cui si trova l'esercizio. Si tratta della segnalazione certificata di inizio attività o S.C.I.A., che consente di iniziare subito l'attività con la semplice autocertificazione dei propri dati, quelli dell'attività, nonchè quelli dei locali.

Per le medie e grandi strutture di vendita (le prime con superficie di vendita superiore a 250 mq. e fino a 2500 nei grandi comuni, superiore a 150 e fino 1500 nei piccoli, e le seconde con superficie di vendita superiore a 2500 mq. o 1500) invece, occorre una domanda di autorizzazione al Comune, e una procedura molto più complessa che si conclude con un'autorizzazione finale.

Bisogna vedere anche come viene considerata questa superficie. Per legge è superficie di vendita tutto ciò che rimane tolta la superficie destinata a magazzino, deposito, laboratorio, uffici e servizi e altri locali non aperti e accessibili al pubblico.

Ma le Regioni possono intervenire con proprie decisioni. Per esempio la Regione Piemonte per le merci ingombranti, tipo mobili, autovetture, materiali per l'edilizia e simili, ha distinto tra superficie espositiva e superficie più propriamente di vendita, consistente nel locale in cui avviene l'ordinativo, la contrattazione sul prezzo e la consegna. Così è possibile avere grandi spazi, presentando una semplice S.C.I.A. con la distinzione delle due superfici.

Il locale deve avere la destinazione d'uso commerciale, deve essere agibile e in caso di interventi edilizi, deve rispettare la normativa urbanistico-edilizia. Deve essere chiaramente delimitato e riferibile alla rispettiva impresa (non può essere il centro operativo di più imprese) e può essere destinato o alla vendita all'ingrosso o alla vendita al dettaglio. Dettaglio e ingrosso devono essere separati, salvo che per alcuni generi come per esempio ferramenta, auto, attrezzature, materiale edilizio.

Se si tratta di esercitare un'**agenzia di affari**, il locale può avere, a seconda delle disposizioni comunali, una destinazione commerciale o artigianale, industriale o di servizi. Si può inziare l'attività presentando un'apposita S.C.I.A., alla quale bisogna allegare la *tabella provvigioni*, in cui sono indicate le percentuali di compenso degli affari per le varie categorie di beni: mobili, elementi di arredo, abbigliamento ecc.

Gli swap stores, che propongono lo scambio di capi di abbigliamento per il valore equivalente ed eventualmente la vendita per il valore eccedente, si configurano come agenzie di affari ed eventualmente come esercizi commerciali.

In ogni caso, se la superficie complessiva del locale supera i 400 mq. occorre essere in possesso del certificato di prevenzione incendi o aver presentato una segnalazione certificata di inizio attività al Comando Provinciale dei Vigili del Fuoco. Per i locali interrati o seminterrati occorre l'autorizzazione dell'ASL.

Altra possibilità è lo **spaccio aziendale**, cioè lo spazio commerciale ricavato all'interno di un'attività artigianale (falegnameria, autofficina, carrozzeria ecc.). In questo caso, il locale può avere una destinazione commerciale o industriale o di servizi, ma deve avere un'estensione limitata rispetto all'attività principale, secondo le disposizioni dei Comuni. Anche lo spaccio aziendale richiede una S.C.I.A. e il rispetto di tutte le norme prima viste. Alla S.C.I.A. commerciale si può aggiungere la S.C.I.A. per agenzia d'affari.

SEGRETO n. 11 : il locale dell'usato è il luogo da esplorare e va organizzato in modo tale da creare un ambiente interessante, curioso e suggestivo.

All'asta, alla fiera e al mercato

C'è la possibilità di operare su **aree pubbliche: al mercato** in un ambito ben delimitato (il così detto posteggio) **o fuori mercato**. Per le aree pubbliche, sono previste principalmente due tipi di autorizzazione:

- autorizzazioni di tipo **A**, cioè a posto fisso;
- autorizzazioni di tipo **B**, cioè senza posto fisso o itineranti.

Le prime consentono l'occupazione del suolo pubblico per 10 anni, rinnovabili, dietro pagamento di un'imposta o canone annuale (il così detto *plateatico*). Consentono di vendere sul proprio posteggio al mercato in forma itinerante nella Regione in cui si trova il posteggio, nelle fiere di tutto il territorio nazionale e in aree di sosta previste dai Comuni o altre aree non espressamente vietate, per il tempo e alle condizioni stabilite dai Comuni.

L'autorizzazione di tipo **A** si ottiene in tre modi:

- acquistando l'azienda di un'impresa già autorizzata;
- affittando l'azienda di un'impresa già autorizzata;
- partecipando a un bando di concorso pubblico.

Nei primi due casi, occorre presentare al Comune in cui si trova il posteggio una comunicazione di voltura. Il Comune poi rilascia una nuova autorizzazione intestata all'acquirente o al gerente. Nel terzo caso, occorre presentare una domanda di partecipazione e attendere la pubblicazione della graduatoria, con la successiva assegnazione dei posteggi e il rilascio dell'autorizzazione.

Le autorizzazioni di tipo **B** consentono un'occupazione giornaliera nei posteggi temporaneamente liberi per assenza del concessionario e nelle fiere, su tutto il territorio nazionale, in aree di sosta previste dai Comuni o altre aree non espressamente vietate, per il tempo e alle condizioni previste dai regolamenti comunali e consentono la vendita al domicilio del consumatore.

I posteggi al mercato possono essere occupati in base al numero di presenze maturate e rilevate dagli agenti della polizia municipale. L'occupazione comporta anche il pagamento di un ticket di plateatico, di importo diverso a seconda delle ore di permanenza al mercato.

Per ottenere un'autorizzazione di tipo itinerante, basta presentare una domanda al Comune in cui si intende avviare l'attività oppure acquistare/affittare l'azienda di un'impresa già in possesso di autorizzazione itinerante. In tal caso si presenta una comunicazione di voltura al Comune in cui si intende proseguire l'attività, che poi rilascia una nuova autorizzazione intestata all'acquirente o al gerente e provvede al trapasso delle presenze maturate.

A parte alcune diversità, le due autorizzazioni presentano aspetti comuni, in quanto consentono solo la vendita al dettaglio, non all'ingrosso (perché il commercio all'ingrosso riguarda grandi quantità di merce, destinate ad essere acquistate da operatori professionali); non consentono la vendita di oggetti preziosi; possono essere rilasciate a imprese individuali e a società, che siano commercianti, artigiani o industriali; possono essere soggette, a seconda delle disposizioni regionali, alla presentazione del DURC (documento unico di regolarità contributiva), per il personale impiegato.

Ci sono poi delle autorizzazioni particolari: le autorizzazioni stagionali (da 1 a 6 mesi), una sottospecie delle autorizzazioni di tipo **A**, che hanno validità 10 anni, ma consentono di occupare un posteggio solo per un certo periodo dell'anno, e le concessioni temporanee, valide solo per determinate occasioni come mercatini tematici, fiere, sagre, feste di paese, feste di borgata, concerti, gare sportive, mostre ecc.

Le autorizzazioni temporanee possono essere rilasciate sia a soggetti che esercitano in via professionale, e quindi sono già in possesso di un'autorizzazione di tipo A o B, sia a soggetti che esercitano in via occasionale. In genere il Comune stabilisce che il

50% dei posteggi debba essere assegnato a operatori professionali e il restante 50% a operatori occasionali.

Rimangono i **chioschi**, come se ne vedono tanti, specie nei parchi e nei giardini, per la vendita di libri, stampe, DVD ecc. Questi richiedono la presentazione in Comune di una domanda per il rilascio del permesso di costruire in precario e la domanda per il rilascio dell'autorizzazione commerciale per la vendita su area pubblica, con relativo pagamento dell'occupazione di suolo pubblico. La concessione però non ha natura permanente e può essere sempre revocata per esigenze di pubblico interesse. L'aquisto o l'affitto d'azienda del concessionario ovviamente permettono di subentrare nella concessione.

Riguardo l'**abitazione**, bisogna fare alcune considerazioni. Alcune attività artigianali possono essere svolte anche in casa, per cui nulla vieta di esercitare in via accessoria un commercio o un'agenzia di affari. Ma è possibile svolgere un'attività commerciale in via principale in casa? No, perché questa non ha la destinazione d'uso commerciale. Quanto all'agenzia di affari, può essere ammessa o meno, secondo le disposizioni comunali.

Ci sono infine le **case d'asta**, locali in cui si esercita una particolare agenzia d'affari. L'agente infatti si incarica di vendere al miglior offerente e riceve una provvigione sia dal venditore che dal compratore. Questo tipo di agenzia richiede una licenza della Questura a seguito della presentazione di una domanda.

SEGRETO n. 12: il locale privato può avere varie dimensioni, l'area pubblica deve invece limitarsi a una zona più limitata che va occupata e autorizzata.

In linea con i tempi moderni

L'usato può approdare anche nel mondo virtuale di internet, dove si possono fare affari seguendo due vie. La prima è la vendita tramite un proprio **sito web** o un sito altrui tipo eBay, che funge da intermediario. In questo caso si presenta una S.C.I.A. per il commercio elettronico nel Comune in cui si intende avviare l'attività, in pratica al Comune in cui si trova l'ufficio, con i computer e gli altri strumenti di lavoro necessari, che può corrispondere anche all'abitazione.

Sul sito web o spazio eBay, bisogna tenere distinte le aree destinate al commercio all'ingrosso (il business to business) da quelle destinate al commercio al dettaglio (il business to consumer). È chiaro che per la vendita di beni usati, si tratta di *commercio elettronico indiretto*, vale a dire che l'acquisto non si completa al computer, con il download, ma solo a seguito di spedizione e di consegna del bene all'acquirente. L'acquisizione immediata attraverso computer denota il *commercio elettronico diretto*.

Un commercio di questo tipo può necessitare o meno di un **locale di deposito** per le merci. Il deposito, con una superficie complessiva superiore a 400 mq. richiede il certificato di prevenzione incendi; se collegato ad attività produttiva richiede anche l'autorizzazione sanitaria.

Se il deposito è destinato alle auto, questo si configura come autorimessa privata per cui occorre il certificato di prevenzione incendi per una superficie complessiva coperta superiore a 300 mq. I depositi devono essere agibili e conformi alla normativa urbastico-edilizia e igienico-sanitaria.

L'altra via è quella delle **aste online**, siti internet gestiti da imprese intermediarie, che permettono di vendere i beni dei clienti al miglior offerente.

Queste aste, per il Decreto Bersani sono vietate, perché il compratore non è in grado di verificare la merce e le offerte; ma, una Circolare Ministeriale del 2002 aggiunge che il divieto riguarda solo i commercianti al dettaglio, non riguarda i grossisti, gli artigiani iscritti all'albo che vendono i loro prodotti nei locali di produzione e gli industriali (ovvero tutti quei soggetti che non sono intermediari nella distribuzione di beni, ma vendono direttamente al consumatore finale).

La Circolare poi distingue tra aste condotte direttamente dal banditore che pone in vendita beni propri o di terzi e aste in cui il banditore rimane estraneo, limitandosi a mettere a disposizione il sito per le vendite (anche se nel secondo caso non si tratta di asta perchè non vi è un banditore che aggiudica; l'aggiudicazione avviene automaticamente a favore di chi ha offerto il prezzo più alto al termine del periodo di tempo prestabilito come su eBay).

Sta di fatto che per le aste con banditore è richiesta la licenza del Questore (come per le case d'asta), che vale per un anno e si rinnova annualmente con il pagamento della tassa di concessione governativa. Per le aste senza banditore è richiesta l'iscrizione nel ruolo dei mediatori (che ora si chiamano agenti di affari in mediazione) presso la Camera di Commercio.

SEGRETO n. 13 : il commercio online è uno spazio virtuale che deve rendere il più possibile l'immagine reale, tale da poterne verificare ogni aspetto.

Le formalità per vendere l'usato non si esauriscono con le segnalazioni e le autorizzazioni viste. In caso di attività commerciale, bisogna presentare in Comune la denuncia di inizio vendita dell'usato (che sostituisce la vecchia autorizzazione per l'usato o *presa d'atto*). La denuncia è richiesta anche per la vendita all'ingrosso. In ogni caso la denuncia è permanente, non va rinnovata ogni anno. Il rinnovo è previsto solo in caso di trasferimento dell'esercizio commerciale o dell'azienda (per vendita o affitto).

Allo stesso Comune si presenta, per la vidimazione (in sostanza la timbratura pagina per pagina), il registro per la vendita dell'usato. Su questo registro bisogna annotare le vendite con la data, i tipi di oggetti, i prezzi, il venditore e l'acquirente. Questi devono essere identificati con carta di identità o altro documento rilasciato da amministrazioni statali, munito di fotografia (ad esempio patente, passaporto, porto d'armi, carta o permesso di soggiorno ecc.)

Per i beni di valore esiguo, non occorre né denuncia, né registro. La legge non stabilisce questo valore, per cui dipende dagli usi commerciali della zona. In genere si riconosce fino a 50 euro (limite fissato per i beni inventariabili), ma i Comuni possono ben aumentarlo con proprie disposizioni.

In caso di agenzia d'affari occorre presentare il registro giornale degli affari. Qui bisogna annotare la presa in carico dei beni, le provvigioni, i tipi di oggetti, lo scarico, i prezzi. L'agente inoltre, nell'effettuare le sue operazioni, deve attenersi strettamente alla tabella delle provvigioni (tabella che tra l'altro deve essere esposta nel locale in modo ben visibile per la clientela); può anche modificare la tabella, ma deve prima comunicarlo al Comune. E deve ricevere le commissioni di vendita da persone in possesso di carta di identità o altro documento equipollente come sopra.

Per la vidimazione dei registri possono essere richiesti dei diritti, mentre le marche da bollo, per legge non sono dovute. Alcuni Comuni accettano anche l'autovidimazione ovvero un'autocertificazione in cui si dichiara di aver provveduto alla timbratura in proprio, con il timbro dell'impresa.

I registri possono essere acquistati nei negozi specializzati in articoli per ufficio, o essere stampati dall'impresa su fogli singoli o a modulo continuo. E possono essere compilati a mano o essere stampati in base ad apposito sistema informatico.

Per maggiori dettagli e approfondimenti rinvio al mio corso *Apri il tuo commercio* e al sito di Alessandro Giuliani www.alessandrogiuliani.it, che opera con successo nel campo dell'usato dal 1993, come agente e come coordinatore di una rete di franchising.

Il franchising rappresenta un'evoluzione del mercato dell'usato, come è avvenuto per il mercato ordinario. Si è consolidato come sistema di affiliazione o collaborazione commerciale tra imprese, sistema che consente all'affiliato di operare sotto la guida di un'impresa già affermata, usufruendo di alcuni vantaggi come forniture, insegna, marchio, consulenza tecnica e commerciale, a fronte del pagamento di percentuali sugli introiti (royalty).

Il contratto di franchising però, va valutato attentamente, perché implica comunque una sorta di dipendenza dall'impresa madre e quindi una limitazione della propria libertà di gestione e di espansione.

SEGRETO n. 14 : la tracciabilità dei beni nuovi è data dalle fatture e ricevute fiscali, quella dei beni usati, dai registri delle vendite e degli affari.

Ad ognuno la sua occasione

Per chi non vuole o non è ancora pronto per lanciarsi in un'attività a carattere professionale, si presentano delle opportunità per vendere o trattare beni usati in maniera occasionale. Se non si può aprire un negozio, si può sempre richiedere un'autorizzazione temporanea per vendere su area pubblica quando ci sono feste di paese, fiere, sagre e altre manifestazioni locali.

È sufficiente invece una S.C.I.A. per la vendita occasionale su area privata, che sia la propria o che sia di terzi, che si tratti di terreno, cortile, salone, teatro o stadio o altro stabile, dove si prevede che vi sia un afflusso e una riunione di persone. Potrebbe trattarsi anche di negozi, bar o centri commerciali, ma le Regioni generalmente escludono la commistione di attività di vendita in questi locali.

Per *temporanea* si intende di breve durata, che può risolversi nell'arco di una o più giornate, in concomitanza di una manifestazione, fiera o mostra o può protrarsi al massimo fino a 30 giorni.

Può essere organizzata anche una *garage sale*, *yard sale* o *home stuff sale*, una svendita casalinga molto in voga negli Stati Uniti che si sta diffondendo anche da noi. Le famiglie americane infatti usano vendere, il sabato o la domenica, nel prato davanti casa, tutto quello che recuperano di superfluo o non più utile dal loro garage, dalla cantina, dalla soffitta o dalla rimessa attrezzi. Così anche chi deve traslocare o rimodernare la casa.

Con una S.C.I.A. per agenzia d'affari si può operare per un certo periodo di tempo, senza aprire una partita IVA, con il solo codice fiscale, purchè non si superino i 5000 euro di ricavi l'anno. Si possono organizzare anche degli *swap party*. Questo può avvenire anche su internet, con un proprio sito (sul sito web infatti la partita IVA va indicata solo da chi è soggetto a IVA). Lo stesso invece non si può dire per la vendita online. Una vendita occasionale può avvenire solo per i propri beni su siti tipo ebay.

Da tenere presente infine è che, per l'attività occasionale non sono richiesti requisiti, mentre per l'attività professionale, sono richiesti per legge i **requisiti morali**, consistenti nell'assenza di condanne alla reclusione per più di 3 anni, condanne per determinati reati, dichiarazione di delinquenza abituale, professionale o per tendenza, nonché nell'assenza di misure di prevenzione, misure antimafia o misure di sicurezza. I requisiti morali devono essere posseduti dagli imprenditori individuali e dai soci amministratori delle società. Sono previsti requisiti anche per l'iscrizione all'albo degli artigiani.

SEGRETO n. 15 : la vendita occasionale di beni usati ha una durata limitata e va sempre autorizzata o segnalata se aperta al pubblico.

RIEPILOGO DEL CAPITOLO 3:

- SEGRETO n. 11: Il locale dell'usato è il luogo da esplorare e va organizzato in modo tale da creare un ambiente interessante, curioso e suggestivo.
- SEGRETO n. 12: Il locale privato può avere varie dimensioni, l'area pubblica deve invece limitarsi a una zona più limitata che va occupata e autorizzata.
- SEGRETO n. 13: Il commercio online è uno spazio virtuale che deve rendere il più possibile l'immagine reale, tale da poter verificare ogni aspetto.
- SEGRETO n. 14: La tracciabilità dei beni nuovi è data dalle fatture e ricevute fiscali, quella dei beni usati, dai registri delle vendite e degli affari.
- SEGRETO n. 15: La vendita occasionale di beni usati ha una durata limitata e va sempre autorizzata o segnalata se aperta al pubblico.

CAPITOLO 4:
Come trattare oro, preziosi e antichità

Chi trova un orefice trova un tesoro!

Una volta se si era a corto di denaro si andava al Monte dei Pegni, ora si va dai *Compro oro*. Ma i Monti di Pegno funzionano ancora? Certamente, anche se hanno perso un po' di traffico. Da Monti di Pietà che erano in passato, sono diventati in parte istituti di credito autonomi, in parte sezioni delle Casse di Risparmio e anticipano denaro dietro consegna di oggetti vari, a titolo di pegno, come oro, preziosi, pellicce, tappeti pregiati, quadri di valore ecc.

La valutazione e il pagamento dei beni impegnati va dal 15 al 20% del loro valore di mercato. Il prestito va dai 3 ai 6 mesi, con relativi interessi e spese di custodia e se alla scadenza non viene onorato, i beni vengono venduti all'asta. I *Compro oro* invece hanno un campo più limitato, ma in compenso offrono di più: fino a 15 euro al grammo per l'oro, contro i 5 o 6 euro dei Monti di Pegno.

Ecco uno dei motivi della vistosa ascesa dei *Compro oro*, ma non è il solo. Rispetto ad altre attività hanno il vantaggio di non richiedere una grande organizzazione di mezzi, è sufficiente un modesto locale, anche molto piccolo e alcuni attrezzi del mestiere come la bilancia, la lente ecc. Certo occorre esperienza, nella valutazione del metallo, dei preziosi, della caratura e della lavorazione.

Poi c'è la possibilità di accedere alle fonderie. In effetti, una volta raccolti diversi articoli, si prospetta la via della fusione, e più materiale c'è, più si possono ottenere condizioni migliori rispetto ad altri operatori del settore. E di materiale se ne raccoglie, tanto che potremmo trovare un vero e proprio tesoro.

Ma la domanda sorge spontanea: i *Compro oro* possono fondere? I *Compro oro* dovrebbero essere come i gioiellieri, cioè dovrebbero acquistare l'oro usato e rivenderlo così com'è, come gioielleria, anche a una fonderia volendo, ma non con l'obiettivo di fondere bensì solo per vendere, come se si trattasse di un qualunque altro compratore.

La fusione infatti implica che i gioielli o preziosi siano così rovinati da non servire più per l'uso cui sono destinati, ovvero siano dei rottami e per cedere i rottami bisogna essere un operatore professionale ed entrare quindi in un altro giro di affari, quello dei professionisti dell'oro.

Per legge (L. 7/2000) la vendita di semilavorati per l'industria (tra cui anche i rottami) richiede la comunicazione all' Ufficio Italiano Cambi (UIC), il possesso dei requisiti di onorabilità specifici per il settore e la dichiarazione all'UIC per importi pari o superiori a 10.329 Euro.

I *Compro oro* non potrebbero nemmeno portare l'oro (che sia rottame o meno), farlo fondere e ritirarlo trasformato in lingotti, né acquistare lingotti risultanti da altre fusioni, perché l'acquisto di lingotti è riservato a operatori professionali. Tantomeno possono fondere in proprio perché la fusione è riservata ad aziende e laboratori specializzati nel settore dell'affinazione e del recupero dei metalli preziosi.

Ora succede che tanti *Compro oro* seguano due vie:

- da una parte rivendono l'oro usato così com'è emettendo una normale fattura con IVA, secondo il regime del margine previsto per i beni usati;

- dall'altra vendono l'oro alle fonderie, ma non come oro usato bensì come rottame, emettendo fattura senza IVA, secondo il meccanismo noto come *reverse charge* (o inversione del carico dell'IVA), per cui è tenuto l'acquirente, cioè la fonderia, e non il venditore, a integrare la fattura con l'applicazione dell'IVA.

È chiaro che si tratta di commercio di preziosi mascherato come commercio di semilavorati e senza avere i requisiti per farlo. E si profila non solo l'evasione fiscale, ma anche il reato di commercio abusivo di oro, ovvero commercio effettuato senza nessuna comunicazione e dichiarazione all'UIC e senza i requisiti di onorabilità. Ad ogni modo, con o senza requisiti, questo tipo di commercio è andato avanti, interessando sia *Compro oro* che gioiellieri e insinuando non pochi sospetti di ricettazione e riciclaggio.

SEGRETO n. 16: ad ogni professione è riservata un'attività con i suoi requisiti: si può anche superare la barriera

concludendo affari d'oro, ma non è oro che può splendere per molto.

Ma vediamo di cosa necessita un *Compro oro* per esercitare la propria attività. Occorre una licenza della Questura, che richiede la preventiva iscrizione nel Registro degli Orafi tenuto dalla Camera di Commercio. Si può comunque iniziare l'attività con la richiesta di licenza ovvero una denuncia alla Questura. La licenza vale 1 anno e si rinnova annualmente, ha carattere personale e può riguardare tutti gli esercizi appartenenti alla medesima persona.

La licenza comporta la presentazione di una S.C.I.A. di commercio al dettaglio e una denuncia di inzio vendita dell'usato (al dettaglio o all'ingrosso o a entrambi) al Comune in cui si esercita, oltre la vidimazione e la tenuta del registro dell'usato.

Bisogna poi osservare alcune cautele come dotarsi di idonei sistemi di sicurezza in funzione antifurto e antirapina, tenere chiuse a chiave le porte di accesso al locale durante l'orario di apertura al pubblico, identificare venditori e acquirenti con carta di identità o altro documento equipollente, e non alterare o vendere gli oggetti che provengono da privati se non 10 giorni dopo l'acquisto.

Se si vogliono vendere oggetti per conto terzi, naturalmente bisogna aggiungere la S.C.I.A. per agenzia d'affari e la vidimazione e tenuta del registro giornale degli affari. In questo modo si possono trattare sia oro che preziosi.

Per *preziosi* si intendono gli oggetti di metallo pregiato come oro, argento, platino e palladio, le pietre preziose come rubini, smeraldi, zaffiri, diamanti, pietre pregiate come turchesi, giade, coralli, le perle e i gioielli consistenti in oggetti di metallo pregiato con pietre pregiate e/o preziose. Rientrano tra i preziosi anche gli articoli con montature o guarnizioni in metalli preziosi, come occhiali, orologi, bigiotteria, penne ecc.

Ci sono poi altri soggetti che operano nel campo dell'oro. Una categoria è quella degli artigiani orafi, cesellatori e incastonatori di pietre preziose, che non necessitano di licenza della Questura. Altra categoria è quella dei fabbricanti e importatori, che necessitano di licenza della Questura e di iscrizione al Registro Nazionale dei Fabbricanti e Importatori di metalli preziosi tenuto dalla Camera di Commercio; i fabbricanti in più devono ottenere il marchio di identificazione dalla Camera di Commercio. Tutti comunque devono denunciare la vendita dell'usato e tenere il relativo registro.

Per essere operatore professionale dell'oro, inteso come oro da investimento (lavorato in lingotti e placchette o coniato in monete) e oro ad uso industriale (oro grezzo, semilavorati, rottami) ed effettuare tutte le operazioni conseguenti come:

- acquisto;
- vendita;
- trasformazione;
- importazione;
- esportazione;
- donazione;
- ecc.

occorre la costituzione di una società di capitali o di una società cooperativa con capitale interamente versato di 120.000 euro, la comunicazione all'Ufficio Italiano Cambi (UIC), ora sostituito dalla Banca d'Italia, il possesso dei requisiti di onorabilità previsti dal Testo Unico delle Leggi Bancarie e la dichiarazione all'UIC per importi pari o superiori a 10.329 Euro.

Non occorrono questi adempimenti per la gioielleria, i componenti elettronici e l'oro impiegato per scopi medici e diagnostici come per esempio i perni, le otturazioni di denti ecc. Per gli approfondimenti si consiglia la consultazione dei siti: www.montegeneroso.com – www.bancaditalia.it.

Chiunque commerci o fabbrichi oro, infine, è tenuto al rispetto delle norme antiriciclaggio: segnalazione all'Unità di Informazione Finanziaria (UIF) presso la Banca d'Italia delle operazioni sospette di riciclaggio o di finanziamento del terrorismo e limitazione dell'uso del contante e dei titoli al portatore a 5.000 Euro.

SEGRETO n. 17: la vendita di oro usato è soggetta a licenza della Questura, oltre che alle segnalazioni e denunce al Comune di competenza.

Impara l'arte e non metterla da parte!

Il mercato dell'arte è sempre vivo e l'arte si sa, è più opera del passato che del presente. Appartengono al passato le cose più belle e più curate. Queste cose sono state fatte prendendosi tutto il tempo necessario, seguendo gli insegnamenti e gli accorgimenti della tradizione e, soprattutto, sono state fatte per durare, per lasciare un segno inconfondibile dell'artefice e della propria epoca e per soddisfare pienamente il cliente.

La modernità, la produzione in serie e il consumismo hanno invece introdotto un nuovo modo di fare, condizionato dall'uso delle macchine, che impongono tempi più ristretti, per cui non si può guardare tanto per il sottile, si tralasciano alcuni dettagli, gli abbellimenti, si seguono delle tecniche ben precise, più che le tradizioni, si adotta un taglio che possa andare bene un po' per tutti e per un po' di tempo, in previsione del fatto che tutto verrà a breve rimpiazzato da nuovi prodotti.

Lo scadimento dell'arte è stato comunque subito avvertito dall'industria, già a metà dell'Ottocento, tanto che il movimento Arts and Crafts e la scuola del Bauhaus hanno voluto recuperare terreno con il coinvolgimento nella produzione di artisti e artigiani. Perché la bellezza e l'arte sono necessità vitali.

La bellezza e l'arte sono il frutto della sensibilità e dell'evoluzione dello spirito e trasmettono una vibrazione e un'energia diverse rispetto all'ordinario, un'energia superiore che è in grado di trasformare e di elevare la nostra.

Oggi più che mai, con la diffusione della cultura, c'è bisogno di cose belle, curate, che ci trasmettano e ci raccontino qualcosa. E il mercato è in grado di offrire tutta una serie di beni che sta a noi valutare e capire. Nel passato sono state realizzate tantissime cose, ma solo alcune hanno le caratteristiche che le rendono importanti.

Tra i tanti beni datati sono considerati **beni antichi o d'antiquariato** i beni di interesse storico e/o artistico, che hanno generalmente più di 50 anni. In Europa si richiedono almeno 100 anni. Negli Stati Uniti si considerano i beni dai 50 ai 100 anni. Sono di interesse artistico le opere di carattere creativo che appartengono alle varie arti come la pittura, la scultura, l'architettura, la musica, la letteratura, la fotografia, la cinematografia ecc. Sono di interesse storico, invece, tutte le opere legate alla storia o all'archeologia.

Tra questi beni, poi, si distinguono i **beni culturali**, di interesse dello Stato, tutelati dal D. Lgs. 42/2004 (Codice dei Beni Culturali), per la loro particolare importanza nella storia e nella cultura della Nazione.

Il Codice tutela alcuni beni a prescindere dal loro valore come i reperti archeologici e le parti di monumenti artistici, storici o religiosi con più di 100 anni, gli incunaboli, i manoscritti e gli archivi. Altri beni invece sono tutelati a partire da un certo valore.

Così dai 13.979 euro i mosaici, i disegni, le incisioni, le stampe, le carte geografiche stampate con più di 200 anni, i manifesti, le fotografie e i film; dai 27.959 euro gli acquerelli, i guazzi, i pastelli; dai 46.598 euro le sculture, le statue, i libri con più di 100 anni, le collezioni di botanica, mineralogia, zoologia, anatomia, i mezzi di trasporto con più di 75 anni e altri oggetti di antiquariato come mobili, monete, francobolli, gioielli, armi. Dai 139.794 euro i quadri.

In particolare sono armi antiche quelle ad avancarica e quelle fabbricate prima del 1890; sono artistiche le armi che presentano caratteristiche decorative di notevole pregio e sono storiche quelle esistenti in numero limitato o collegate a personaggi o eventi di rilevanza storico-culturale.

C'è antiquariato di alta e di bassa epoca. Il primo comprende i beni appartenenti al periodo che va dal Quattrocento al Settecento, il secondo i beni dei secoli successivi. A seguire ci sono le opere minori dell'Ottocento e del Novecento. Del Novecento hanno riscosso un certo interesse gli oggetti di modernariato riconducibili al periodo dagli anni Trenta agli anni Ottanta, chiamati così in contrapposizione agli oggetti d'antiquariato.

Si tratta di oggetti caratterizzati da un certo design. Con questo si intende l'industrial design, lo studio del disegno, della forma, della funzionalità da dare ai materiali nella produzione industriale; una sorta di sintesi tra arte e industria. Tipici i prodotti italiani degli anni Cinquanta del così detto Made in Italy, espressione del boom economico e del post-modernismo degli anni Settanta/Ottanta dal look più appariscente.

Più recenti sono invece gli oggetti *vintage* (d'annata) che devono avere almeno una ventina d'anni. Qui si tratta di oggetti caratterizzati da un certo stile, qualità, eleganza. Sono i beni *cult*, quelli particolarmente riusciti nell'annata, che conservano sempre il loro fascino, nonostante il passare del tempo.

SEGRETO n. 18: non tutti i beni usati sono destinati ad avere pregio; ciò che dà valore è il tempo, la cura dei particolari, l'arte e lo stile di un'epoca.

Orientarsi tra tutti questi beni non è semplice. In parte ci si può documentare, in parte bisogna rapportarsi con specialisti del settore. Ci si può rivolgere a periti certificati iscritti alla Camera di Commercio, o alle case d'asta, ai musei, alle scuole d'arte ecc. Bisogna anche avere un certo occhio e una certa esperienza per capire se si tratta di beni autentici o falsi, originali o copie, o ancora di beni restaurati, riparati, ritoccati.

Sono considerati **autentici** i beni di un autore accertato; sono **originali** quelli che corrispondono ad un'epoca e ad uno stile perciso, il cui autore, però, è sconosciuto; sono **falsi** le imitazioni della stessa epoca o di epoca successiva; sono **copie** le riproduzioni realizzate secondo il modello originale della stessa epoca, in genere di dimensioni minori. Sono oggetti **in stile** quelli realizzati nella nostra epoca copiando modelli del passato, utilizzando materiali e tecniche moderne.

A parte la conoscenza e l'esperienza in materia, il mercato dell'antiquariato è un po' più difficile rispetto al mercato dell'usato ordinario. Il fatto è che si rivolge a una clientela più ristretta, con gusti particolari, in genere di una certa cultura e disponibilità economica, che permette di poter apprezzare gli oggetti selezionati.

Questo comporta un minor afflusso di clienti, un minor numero di pezzi venduti e una maggiore giacenza dei pezzi invenduti. I beni inoltre richiedono dei locali idonei per la loro buona conservazione, come i seminterrati, che rimangono al riparo dalla luce diretta del sole e mantengono un ambiente fresco e umido.

Sicuramente meglio si muovono gli operatori che trattano oggetti di vintage e modernariato, perché questi sono più vicini ai nostri giorni e più accessibili sia come quantità che come prezzo. Sono proprio questi operatori che sono riusciti a conquistarsi un mercato, magari partendo da semplici rigattieri, fino a diventare veri e propri esperti di settore.

Un certo successo riscuotono anche le attività di recupero di elementi decorativi edilizi, derivanti dalla demolizione o ristrutturazione di case, ville e dimore storiche. Questi beni vengono acquistati per abbellire case e giardini privati.

SEGRETO n. 19: i beni antichi richiedono un apprezzamento particolare, perciò costituiscono un settore meno accessibile dell'usato.

Ad ogni modo sono varie le possibilità di trattare per gli antiquari, dalle **gallerie d'arte**, alle case d'asta, dai negozi ai mercati e le fiere. Il gallerista in genere si occupa di esporre le opere d'arte e svolge di base un'attività di servizio, di intermediazione nella vendita; è simile a un agente d'affari per cui deve munirsi di S.C.I.A. per agenzia d'affari e tenere il relativo registro giornale.

All'esposizione naturalmente può seguire la vendita che può essere in conto proprio o in conto terzi. Nel primo caso si tratta di commercio e occorre la S.C.I.A. commerciale, nel secondo caso di agenzia d'affari. Per il commercio inoltre occorre la denuncia di vendita dell'usato e la tenuta del registro dell'usato, sempre che non si tratti di galleria con vendita all'asta, nel qual caso valgono le regole per le case d'asta.

Le **case d'asta** hanno pure un ruolo intermediario, ma un po' più qualificato; si occupano della valutazione e pubblicizzazione di beni e si incaricano di venderli all'asta dietro apposito compenso o commissione di vendita. Al compenso del venditore, si aggiunge poi il compenso del compratore o commissione d'acquisto in caso di vendita andata a buon fine.

Tutte le case offrono il vantaggio di spuntare un prezzo maggiore col sistema del rilancio delle offerte, ma ci sono case e case; quelle più prestigiose trattano beni di un certo valore che interessano compratori a livello internazionale, come Sotheby's e Christie's, e come tale dispongono di locali nelle capitali più importanti tipo Parigi, Londra, New York, Milano, Madrid e dei fondi necessari per le spese di trasporto, assicurazione e custodia dei beni. Le altre trattano beni di valore ordinario.

Le case straniere poi possono contare su una normativa più elastica, mentre le case italiane sono soggette alla normativa sui beni culturali che pone limiti all'esportazione e limiti alla commerciabilità in Italia tramite il vincolo di interesse culturale.

La casa d'asta naturalmente è diversa dall'IVG – Istituto Vendite Giudiziarie – che si occupa anche di aste ma svolge un'attività ausiliaria del giudice nelle procedure esecutive e fallimentari; svolge un incarico di pubblico servizio e segue quindi le norme del codice di procedura civile e della legge fallimentare. L'IVG si occupa di aste pubbliche, la casa d'asta di aste private e necessita della licenza della Questura.
Determinante per la casa d'asta è la sede, che viene appositamente autorizzata e la presenza del pubblico che deve essere in condizione di verificare la merce e le offerte. Per questo motivo il Decreto Bersani ha vietato le aste tramite televisione e le aste online, a parte le eccezioni viste. Nella sede possono essere venduti sia beni nuovi (in ore diurne) che beni usati (in ore diurne e serali), nonché beni propri del banditore.

Oltre le gallerie e le case d'asta si pongono i negozi antiquari e le vendite ai mercati e alle fiere, che richiedono rispettivamente la S.C.I.A. commerciale o l'autorizzazione di tipo A o B o l'autorizzazione temporanea per l'occupazione di suolo pubblico, oltre la S.C.I.A. d'agenzia d'affari per la vendita in conto terzi, la denuncia di inizio vendita dell'usato e la tenuta dei relativi registri.

Per i beni preziosi occorre in tutti casi la licenza della Questura. E per i beni culturali occorre la dichiarazione preventiva di commercio alla Questura o al Comune, che provvedono poi a trasmetterla alla Regione e alla Soprintendenza ai beni culturali e la tenuta di apposito registro.
Infine tutti i beni antichi o di interesse storico o archeologico, richiedono per il commercio o l'esposizione o l'intermediazione finalizzata alla vendita, la consegna al compratore dell'attestato di autenticità o di probabile attribuzione e di provenienza e l'annotazione della vendita su apposito registro. Se non si possiedono documenti di autenticità, si può rilasciare una dichiarazione sostitutiva di atto di notorietà con tutte le informazioni disponibili sull'autenticità, la probabile attribuzione e la provenienza.

SEGRETO n. 20: il luogo più qualificato per la vendita d'antiquariato è la casa d'asta, che è molto più di un'agenzia, perché valuta, promuove e valorizza i beni.

RIEPILOGO DEL CAPITOLO 4:

- SEGRETO n. 16: Ad ogni professione è riservata un'attività con i suoi requisiti; si può anche superare la barriera concludendo affari d'oro, ma non è oro che può splendere per molto.
- SEGRETO n. 17: La vendita di oro usato è soggetta a licenza della Questura, oltre che alle segnalazioni e denunce al Comune di competenza.
- SEGRETO n. 18: Non tutti i beni usati sono destinati ad avere pregio; ciò che dà valore è il tempo, la cura dei particolari, l'arte e lo stile di un'epoca.
- SEGRETO n. 19: I beni antichi richiedono un apprezzamento particolare, perciò costituiscono un settore meno accessibile dell'usato.
- SEGRETO n. 20: Il luogo più qualificato per la vendita d'antiquariato è la casa d'asta, che è molto più di un'agenzia, perché valuta, promuove e valorizza i beni.

CAPITOLO 5:

Come avere e dare garanzie e serietà

Tra il dire e il fare bisogna valutare

Ogni cosa vuole la sua attenzione ed è questa che ci porta a capire che cosa fare. Attenzione significa interesse, curiosità e attrazione e questo ha un valore del tutto personale e irrazionale, che attinge al mondo dei ricordi e delle proprie esperienze. E dopo l'attenzione interviene la parte razionale e inizia la valutazione.

La dialettica sta tutta qui tra l'attenzione e la valutazione e tra chi valuta per comprare e chi valuta per vendere. Il compratore è attratto dal particolare, il venditore è attratto da ciò che attrae il compratore. Ma il miglior venditore è chi sa trarre il meglio da ciò che compra per rivendere e da questo sarà maggiormente attratto, chi compra.

Ogni cosa racconta una storia e bisogna ricreare quel momento, fatto di ricordi in cui si immedesima il compratore. È vero come dice Alessandro Giuliani che il valore affettivo non è rivendibile, ma l'affetto è ciò che crea l'effetto.

Valutare è dunque capire, intercettare la storia, cosa può voler dire un oggetto; poi certo ci sono anche le buone condizioni, la qualità dei materiali, il pregio della fattura, le rifiniture, gli optional. Tutto questo influisce e non poco sul valore.

Sono abbastanza noti i sistemi di valutazione o di stima dei beni. Si considera, in via generale, il prezzo di mercato del bene nuovo e si detrae una certa somma ogni anno per quanti sono gli anni del bene (il così detto coefficiente di vetustà che varia a seconda del tipo di beni come auto, mobili ecc.). Se non si può far riferimento allo stesso bene nuovo, si considera il bene simile.

Oltre il prezzo, si considera il costo di produzione (quello che potrebbe essere stato speso da un'impresa per fabbricare il bene), l'eventuale reddito ricavabile (ciò che il bene potrebbe rendere a livello economico (ad esempio una bella macchina d'epoca potrebbe essere noleggiata in occasione di matrimoni), la possibile trasformazione cioè come il bene potrebbe essere rimaneggiato riadattato (ad esempio una bella poltrona con un nuovo rivestimento), e il possibile abbinamento cioè come il bene potrebbe essere accostato, utilizzato insieme ad altri beni per formare qualcosa di più apprezzabile (ad esempio un anello insieme a un bracciale o a una collana).

A parte le considerazioni generali, intervengono poi le considerazioni particolari, in base al luogo e agli usi della zona, per cui una cosa può avere una valutazione e un prezzo di rivendita diverso a Torino o a Catania, e in base alle condizioni di conservazione, agli accessori, alla particolarità, alla reperibilità di pezzi simili sul mercato ovvero alla rarità e simili.

Il venditore dovrà considerare ed esaltare tutti questi aspetti per fare il prezzo maggiore, mentre il compratore dovrà concretizzarli rispetto alle sue esigenze personali e saper contrattare sul prezzo. Nel mondo dell'usato il prezzo è relativo ed è il regno della trattativa e dell'accordo.

SEGRETO n. 21: ogni cosa vive e acquista tanto valore quanto noi riusciamo a darle, collegandola a una sfera di altri valori.

Anche l'usato è garantito

È vero, il mondo dell'usato è vario e di valore variabile, ma non è così difficile avere dei riferimenti e delle assicurazioni. D'altra parte neanche i beni nuovi godono di un'assoluta affidabilità. Anche per i beni usati sono previste garanzie, sebbene minori rispetto ai beni nuovi. La legge prevede una garanzia per i vizi e l'evizione.

Per principio generale il venditore deve garantire che la cosa venduta sia immune da difetti che la rendano inidonea all'uso o ne diminuiscano in modo apprezzabile il valore. Si tratta della garanzia per *vizi occulti* prevista dal codice civile (art. 1490), nel senso che opera per i difetti non visibili o facilmente riconoscibili al momento dell'acquisto. Se i difetti sono chiaramente visibili il compratore non ha diritto a garanzia, perché una volta che li ha individuati, può decidere di rinunciare all'acquisto o trattare per un prezzo minore.

Se il venditore ha dato la sua garanzia e la cosa presenta poi dei difetti, il compratore è tenuto a denunciarli al venditore entro otto giorni dalla scoperta per ottenere la risoluzione della vendita con la restituzione del prezzo o la riduzione del prezzo; non può fare più nulla dopo un anno dalla consegna della cosa (1492-1495). In caso di risoluzione il venditore deve restituire il prezzo e rimborsare le spese eventualmente fatte per la vendita, ed è tenuto a risarcire i danni derivati dai difetti della cosa, nonché gli altri danni, se non prova di aver ignorato senza colpa quei difetti.

Naturalmente la cosa difettosa va distinta dalla cosa parzialmente o totalmente diversa da ciò che è stato presentato dal venditore. Nel primo caso, la cosa non ha le qualità promesse o essenziali per il suo uso (per esempio la camicetta venduta per pura seta, in realtà in misto seta); nel secondo la cosa è di genere completamente diverso da quello venduto (per esempio una camicetta venduta per pura seta ma in realtà di viscosa).

In questi casi il compratore può chiedere la risoluzione o l'esatto adempimento della vendita, salvo in ogni caso il risarcimento dei danni subiti. Cambiano però i termini per agire: fino ad 1 anno dalla consegna della cosa nel primo caso, e fino a 10 anni nel secondo caso, perché qui non si tratta di inesatto adempimento, ma di vero e proprio inadempimento del contratto (situazione più grave che richiede maggiore tutela).

La disciplina codicistica è importante perché costituisce la base della garanzia sia per i beni nuovi che per i beni usati (ciò che è stato riconosciuto anche dalla Corte di Cassazione) in quanto ogni bene, che sia nuovo o usato, deve presentarsi idoneo all'uso ed essere esente da vizi e difetti che ne impediscano l'utilizzo. E questa disciplina vale sia per le vendite tra professionisti e privati, sia semplicemente tra privati.

Ora su questa disciplina base si è innestata la disciplina comunitaria sui beni di consumo, attuata in Italia con il D. Lgs. 24/2002, che ha introdotto nuovi articoli al codice civile in materia di vendita di beni mobili. Le nuove norme riguardano le vendite effettuate tra professionisti e consumatori presso i locali commerciali del professionista (fabbricante, artigiano, commerciante, rivenditore, rappresentante e simili).

Il Decreto prevede la garanzia di 2 anni dalla consegna del bene nuovo. Il venditore deve garantire la conformità, ovvero che il bene sia conforme alla descrizione fatta da lui stesso e dal produttore, che sia idoneo all'uso, adatto alla richiesta fatta dal consumatore e presenti le qualità che il consumatore possa ragionevolmente aspettarsi in base anche alla pubblicità che ne è stata fatta.

Da parte sua il consumatore deve denunciare i difetti di conformità entro 2 mesi dal giorno della scoperta. La mancata denuncia fa perdere ogni diritto. La denuncia non è necessaria se il venditore ha riconosciuto l'esistenza del difetto o l'ha occultato. Salvo prova contraria, si presume che il difetto che si manifesta entro 6 mesi dalla consegna del bene, esistesse già da prima.

Per i beni usati la garanzia invece può essere inferiore ai 2 anni, ma in ogni caso, non inferiore a 1 anno. È chiaro che di un bene usato il venditore non potrà garantire la completa conformità, ma dovrà rendere note al compratore le caratteristiche attuali, compresi i difetti plausibili dovuti all'uso ed eventuali danneggiamenti dovuti a situazioni accidentali (usura, scoloritura, bolli, graffi, rigature ecc).

La denuncia consente al consumatore di ottenere la riparazione o la sostituzione del bene, in entrambi i casi senza spese, senza arrecare notevoli inconvenienti ed entro un congruo termine. La sostituzione interviene se la riparazione risulta impossibile o eccessivamente onerosa per il venditore, tenuto conto del valore del bene e dell'entità del difetto.

Oltre questi rimedi c'è la riduzione del prezzo o la risoluzione della vendita solo in tre casi: se la riparazione e la sostituzione sono impossibili o eccessivamente onerose, se la riparazione o la sostituzione non sono intervenute entro un congruo termine o hanno arrecato notevoli inconvenienti. Inoltre la risoluzione non può intervenire per difetti di lieve entità. In ultima battuta, il venditore può offrire al consumatore qualsiasi altro rimedio disponibile, come per esempio un buono per un altro acquisto.

Esiste poi la garanzia di buon funzionamento prevista dal C.C. art. 1512 per cui se il venditore ha garantito per un certo tempo il buon funzionamento della cosa, il compratore ha diritto di ottenere la riparazione o la sostituzione del bene, salvo il risarcimento dei danni, purchè denunci il difetto entro 30 giorni dalla scoperta.

Ed esistono le garanzie convenzionali, ovvero supplementari rispetto a quelle legali, che possono offrire dei vantaggi al consumatore, purchè senza costi aggiuntivi (ad esempio l'offerta di una macchina sostitutiva per il periodo della riparazione). Queste non vanno confuse con le estensioni di garanzia, che riguardano le garanzie legali e prevedono dei costi aggiuntivi.

Queste regole valgono per tutti i beni acquistati da paesi comunitari, salvo qualche differenza tra paese e paese riguardo le modalità di denuncia dei difetti o di riparazione del bene difettoso. Per i beni acquistati da paesi extracomunitari, occorre informarsi sulle condizioni di garanzia, sulle modalità da seguire per la spedizione, la riparazione o la sostituzione.

SEGRETO n. 22 : per la vendita di beni sono previste due forme di garanzia, quella codicistica e quella comunitaria, più favorevole, ma meno estesa, perché esclusa tra privati.

Ciò che è previsto per legge non può essere eluso o escluso con patti contrari. Quindi il consumatore potrà sempre far valere i suoi diritti. In che modo? Provando il difetto e l'acquisto. Il difetto può essere provato con testimonianze, foto o perizie e l'acquisto può essere provato con l'esibizione dello scontrino, oppure la ricevuta del bancomat o della carta di credito o la matrice dell'assegno.

La questione si può risolvere verbalmente e con buone maniere; in caso contrario, si passa alla denuncia scritta del difetto, inviata tramite raccomandata con ricevuta di ritorno, in cui si fissa un termine di 15 giorni per rimediare (la così detta messa in mora), cui può seguire una soluzione giudiziale, al termine di una causa, o stragiudiziale con una transazione ovvero un accordo tra le parti al fine di evitare la causa.

In causa il compratore dovrà provare che il bene non possiede le caratteristiche che dovrebbe avere e quindi non è idoneo all'uso, non è conforme alla descrizione fatta dal venditore, non ha le qualità che giustamente si aspettava, non è adatto per l'esigenza fatta presente al venditore. Per il difetto entro i 6 mesi dalla consegna non deve dimostrare nulla, perchè questo si presume preesistente; oltre i 6 mesi deve dimostrare di aver usato correttamente il bene. E deve restituire il bene integro cioè in buone condizioni, che rivelino che è stato usato e custodito con diligenza, evitando deterioramenti o danneggiamenti.

Il venditore dovrà invece provare, che il bene, nonostante il difetto è comunque idoneo all'uso o conforme alla descrizione, o che il difetto è da imputarsi al consumatore, o che il difetto è intervenuto dopo i 6 mesi dalla consegna del bene, per cui non era preesistente.

La disciplina vista riguarda sia gli acquisti fatti nei locali commerciali, che quelli fatti al di fuori; per i primi in più si aggiunge la disciplina del Codice del Consumo sui contratti a distanza (vendite a domicilio, per corrispondenza e soprattutto tramite internet), che prevede come ulteriore garanzia per il consumatore il diritto di recesso.

Il consumatore ha il diritto di recedere dal contratto, senza bisogno di specificare il motivo, entro 10 giorni dal ricevimento del bene; se il venditore non ha fornito le necessarie informazioni, entro 10 giorni dal momento in cui sono state ricevute le informazioni. Occorre però l'invio di una raccomandata con ricevuta di ritorno alla sede del venditore, in cui si dichiara l'intenzione di recedere e la restituzione del bene, con spese di spedizione a carico del consumatore.

Attenzione alla clausola *visto e piaciuto* che riguarda in particolare i beni usati. Chi accetta questa clausola, accetta il bene così come com'è, rinunciando ad ogni garanzia per vizi. Ed è possibile chiedere i danni solo dimostrando che il venditore ha nascosto i vizi in mala fede.

SEGRETO n. 23 : i patti contrari non escludono la garanzia ma i patti di rinuncia si, implicando l'accettazione del rischio per ogni tipo di vizio.

Attenzione alla legittima rivendicazione!

La garanzia per i vizi non è l'unica garanzia del venditore. Come si è detto esiste anche la garanzia per l'evizione. Significa che il venditore deve garantire il compratore da eventuali rivendicazioni di altre persone, per cui deve presentare il bene come di sua proprietà o comunque in suo legittimo possesso o detenzione.
Questa garanzia, se abbastanza certa per i beni nuovi, può essere alquanto labile per i beni usati e non è così lontana l'ipotesi di incauto acquisto, per non parlare di ricettazione e di riciclaggio. Ma vediamo di capirci qualcosa di più in proposito.

Abbiamo a che fare con l'incauto acquisto o meglio con l'acquisto di cose di sospetta provenienza, in base all' art. 712 del codice penale, quando acquistiamo o riceviamo qualcosa senza averne prima accertato la legittima provenienza, tenuto conto di alcune situazioni che dovrebbero farci pensare che si tratta di merce rubata o riconducibile a rapina, estorsione, appropriazione indebita, ricettazione.

Quali sono queste situazioni che dovrebbero farci riflettere? Il codice parla di *qualità delle cose*. Deve trattarsi di cose di un certo valore o pregio, o con delle iniziali o marcature che fanno pensare che appartengano a qualcuno. Poi c'è la condizione del venditore; qui può trattarsi di un locale o di un luogo di dubbia reputazione o malfamato, di un personaggio noto per certi generi di affari, o pregiudicato o equivoco, che ha fretta di vendere, e modi di fare circospetti. E infine c'è il prezzo, che deve essere molto più basso rispetto al valore del bene.

Si tratta di condizioni oggettive, che devono far ragionevolmente insospettire una persona di normale prudenza. Significa che, in presenza, anche solo di una queste situazioni, a prescindere da quello che possiamo pensare, se acquistiamo il bene, siamo in colpa e penalmente punibili.

Se invece acquistiamo, sapendo che il bene ha una provenienza delittuosa, per trarne profitto, siamo di fronte alla ricettazione (art. 648 cod. pen). Reato ben più grave, perché collegato con la malavita e inteso ad assicurare il piazzamento della refurtiva. Affine alla ricettazione è il favoreggiamento reale (art. 379 cod. pen.) che riguarda chi aiuta ad assicurare il prodotto, il profitto o il prezzo di un reato. La differenza sta nell'intenzione di trarre profitto, che è essenziale nella ricettazione, mentre non lo è nel favoreggiamento reale.

E vicino alla ricettazione è il riciclaggio (art. 648 bis cod. pen.), che riguarda il giro di denaro proveniente da delitti quali furto, rapina, estorsione, appropriazione indebita, ricettazione; infatti è previsto e punito come sostituzione del denaro di provenienza delittuosa con altro denaro.

Dunque se dobbiamo acquistare dei beni usati, attenzione e prudenza; del caso, chiediamo una ricevuta d'acquisto, uno scontrino e, nel rivenderli, usiamo la correttezza e il rispetto della buona fede di chi compra.

SEGRETO n. 24: acquistare in buona fede non significa non tenere conto di situazioni che dovrebbero ragionevolmente farci insospettire.

Dobbiamo anche tenere conto di come funziona la circolazione dei beni. Il legittimo passaggio dei beni immobili da un soggetto a un altro è assicurato dall'atto di compravendita e dalla trascrizione nei registri immobiliari, per cui nel conflitto tra due acquirenti prevale chi ha trascritto per primo. Al soccombente non resta che chiedere i danni al venditore. Similmente avviene per i beni mobili registrati come le navi, gli aerei, le automobili con l'iscrizione nel relativo registro (per le automobili il PRA).

Resta il problema per i beni mobili semplici, non soggetti a registrazione. Per questi beni ciò che conta è il possesso. Chi ha ottenuto il possesso di una cosa a seguito di una vendita o altro atto giuridico di trasferimento della proprietà, si presume che sia il legittimo titolare, e non è tenuto a dimostrare nulla riguardo la sua situazione. È il proprietario, che rivendica la cosa come sua, a dover dimostrare il proprio diritto. Se ci riesce ottiene la restituzione della cosa, se non ci riesce, la cosa rimane al possessore.

Il proprietario non può neanche riprendere la sua cosa con la forza, perché ciò costituisce un atto arbitrario di giustizia privata; può solo agire in giudizio per la rivendicazione. Mentre il possessore che viene ingiustamente privato del possesso, può reagire per legittima difesa, e anche agire in giudizio per la reintegrazione nel possesso.

Non si profila il conflitto tra due possessori. Il possessore è uno solo, ed è colui che ha ricevuto in consegna la cosa, ne ha la materiale apprensione e disponibilità. Mentre per i beni immobili o mobili registrati ci possono essere più atti di vendita e più acquirenti in conflitto, anche senza la disponibilità della cosa.

Si usa anche dire che per i beni mobili vige la regola *possesso vale titolo*; ciò sta a significare che chi acquista un bene da chi non è proprietario, diventa automaticamente proprietario, se ha ricevuto la cosa in buona fede a seguito di un atto di trasferimento di proprietà, come un valido atto di compravendita.

La regola vale comunque, che l'acquirente sia in buona o mala fede (cioè che sappia o meno di ledere un altrui diritto). Ma, la buona fede non giova se l'ignoranza dipende da colpa grave, ovvero se in base alle circostanze, l'acquirente avrebbe dovuto avere dei sospetti ed evitare l'incauto acquisto.

Il possesso cede solo il passo al legittimo proprietario che dimostra il suo diritto di proprietà sulla cosa; in questo caso, a parte la restituzione della cosa: il possessore in mala fede deve restituire, tutti i frutti percepiti; il possessore di buona fede solo i frutti successivi alla domanda giudiziale. Il possessore in mala fede che ha fatto dei miglioramenti ha diritto a un'indennità pari alla differenza tra spesa e aumento di valore della cosa e in caso di addizioni, può essere costretto dal proprietario a toglierle; quello di buona fede ha diritto all'indennità pari all'aumento di valore della cosa e non può essere costretto a togliere le addizioni.

Il possessore soccombente di fronte al proprietario, naturalmente può rivalersi contro il venditore, che dovrà restituire al compratore il prezzo pagato, e rimborsargli le spese di contratto e quelle fatte per la cosa.

SEGRETO n. 25: la regola vuole che i beni mobili circolino in

base al possesso in buona fede, salvo il diritto del proprietario e la responsabilità del venditore.

RIEPILOGO DEL CAPITOLO 5:

- SEGRETO n. 21: Ogni cosa vive e acquista tanto valore quanto noi riusciamo a darle, collegandola a una sfera di altri valori.
- SEGRETO n. 22: Per la vendita di beni sono previste due forme di garanzia, quella codicistica e quella comunitaria, più favorevole, ma meno estesa, perché esclusa tra privati.
- SEGRETO n. 23: I patti contrari non escludono la garanzia ma i patti di rinuncia si, implicando l'accettazione del rischio per ogni tipo di vizio.
- SEGRETO n. 24: Acquistare in buona fede non significa non tenere conto di situazioni che dovrebbero ragionevolmente farci insospettire.
- SEGRETO n. 25: La regola vuole che i beni mobili circolino in base al possesso in buona fede, salvo il diritto del proprietario e la responsabilità del venditore.

Conclusione

Anche se può sembrare strano o lontano dal nostro modo di pensare, le cose hanno un'anima, un'anima addormentata o latente, che attende la nostra attenzione e la nostra cura per potersi risvegliare e ispirarci.

Siamo abituati a vedere così tante cose che non riusciamo più a soffermarci su ognuna di esse, ma i tempi sono cambiati e con loro il nostro atteggiamento, che ci induce a rallentare i ritmi, a riconsiderare e valutare i beni nella loro essenzialità.

I nuovi tempi sono quelli che ci portano a vedere delle nuove risorse nelle cose che già abbiamo a disposizione, senza buttarci a inseguire sempre illusorie varianti di prodotti della stessa specie.

È il momento del recupero, del riuso e della vendita dell'usato. Si può vendere in tanti modi, per conto proprio, per conto terzi, in via professionale o anche semplicemente per vendere o scambiare ciò che si ha in casa, in via puramente occasionale. Il mondo dell'usato offre una serie di possibilità, non solo di acquisto e di scambio, ma anche di incontro, di esplorazione alla ricerca della cosa che fa per noi e di valutazione del prezzo.

Anche nell'usato ci sono settori di beni, oggetti ordinari e oggetti di particolare pregio, che avranno sempre il loro mercato perché l'arte racchiude in sé un valore immateriale destinato a permanere nel tempo.

Infine anche il mercato dell'usato segue le sue regole di correttezza e di affidabilità, come il mercato dei beni nuovi, che sta a ogni operatore osservare nel rispetto del proprio lavoro, delle cose e degli altri.

Spero che questo corso sia stato utile per chi vuole seguire questa nuova filosofia nel trattare le cose, nell'ottica di un'economia sempre verde, che non vede solo produzione e distruzione ma anche uso intelligente e trasformazione delle energie a nostra disposizione.

Luoghi e siti dell'usato

Tra i siti dell'usato segnalo:

www.secondamano.it

www.mercatiniditalia.it

www.mercatopoli.it

www.mercatinousato.com

www.babybazar.it

www.viviretro.com

www.occhiodelriciclone.com

www.lapulce.it

Per trovare e visitare i mercatini dell'usato d'Italia:

www.kebheka.it/Mercatini_d'Italia.htm

Tra i mercati delle pulci più popolari: il mercato di Porta Portese a Roma, la Fiera di Sinigaglia a Milano, il Balon a Torino, il mercato di Piazza dei Ciompi a Firenze, di Poggioreale a Napoli, di Piazza del Papireto a Palermo e di Piazza Grenoble a Catania.

A Milano si svolgono anche importanti mercatini dedicati alle vendite tra privati come Hobbypark (www.hobbypark.it) e Festivalpark (www.festivalpark.it)

Tra gli eventi nazionali importanti: i primi Stati Generali dell'Usato che si sono tenuti a Torino il 31 marzo 2011 (sul sito www.reteonu.it) per ottenere riconoscimento e sostegno per il settore e riqualificazione dei mercati a livello politico e amministrativo; l'Assemblea Nazionale degli Operatori dell'Usato tenutasi a Napoli il 22 novembre 2011 con la creazione di una Rete Nazionale degli operatori dell'Usato RETE ONU.

www.ingramcontent.com/pod-product-compliance
Ingram Content Group UK Ltd.
Pitfield, Milton Keynes, MK11 3LW, UK
UKHW022015190726
13853UKWH00005B/1941

9 788861 745360